TABLEAU ANALYTIQUE

DE LA RELIGION

DES ANCIENS EGYPTIENS

ET DES AUTRES PEUPLES ORIGINAIRES DE L'ASIE.

Chaque vertu devient une Divinité ;
Minerve est la Prudence, et Vénus la Beauté.
Ce n'est plus la vapeur qui produit le tonnerre ;
C'est Jupiter armé pour effrayer la terre.
Un orage terrible aux yeux des matelots,
C'est Neptune en courroux qui gourmande les flots.
Echo n'est plus un son qui dans l'air retentisse ;
C'est une Nymphe en pleurs qui se plaint de Narcisse.

BOILEAU, Art Poétique, ch. III, v. 165.

TABLEAU ANALYTIQUE

DE LA RELIGION

DES ANCIENS EGYPTIENS

ET DES AUTRES PEUPLES ORIGINAIRES DE L'ASIE,

O U

Examen d'une Dissertation insérée Tome I.er , IV.me livraison, N.º XXI des
Monumens antiques inédits ou nouvellement expliqués du Citoyen Millin ,
conservateur des Médailles , Pierres gravées et Antiques de la Bibliothèque
nationale ; professeur d'histoire et d'antiquités ; des Sociétés d'histoire
naturelle et Philomatique de Paris , de celle des Observateurs de l'homme ,
de celles de Rouen , d'Abbeville , de Boulogne , de Poitiers , de Marseille et
d'Alençon ; de l'Académie des Curieux de la nature, à Erlang, de l'Académie
de Dublin ; de la Société Linnéenne de Londres ; de celles de Médecine de
Bruxelles , de Paris , des Sciences physiques de Zurich , d'Histoire naturelle et de Minéralogie d'Iena.

Par A. L. COINTREAU,

Auteur de l'Histoire abrégée du cabinet des Médailles , d'une Dissertation sur le
vase d'or de Rennes, lue à l'Institut national , en fructidor de l'an IX , etc.

PARIS,

Ch. Pougens, quai Voltaire, N.º 10.

AN XI. —— 1803.

TABLEAU ANALYTIQUE

DE LA RELIGION

DES ANCIENS EGYPTIENS

ET DES AUTRES PEUPLES ORIGINAIRES DE L'ASIE;

OU

Examen d'une Dissertation insérée dans la IV.ᵉ livraison du tome I.ᵉʳ des Monumens antiques inédits, ou nouvellement expliqués ; N.° XXI.

Sɪ j'avois voulu commencer ma Dissertation sur le vase d'or de Rennes par la censure de l'article du Dictionnaire de la Fable du citoyen Millin, où il dit page 176, première colonne, en traitant de ce monument, que « *le sujet du milieu représente Bacchus et Hercule qui se font verser* » *à boire, et que Bacchus se sert du rhyton. . . . . . . ; qu'autour d'eux* » *sont des faunes et des satyres. . . . . .* ». Deuxième colonne, que dans « *la* » *marche circulaire, le cortège est précédé de Bacchants et de Bac-* » *chantes qui dansent avec des crotales. . . . ; tandis que de jeunes faunes* » *foulent la vendange, et qu'on y voit un satyre combattant à coups* » *de cornes avec un bélier ;* » j'aurois eu sans doute beaucoup d'erreurs à relever, puisqu'il n'est pas vrai que Bacchus et Hercule se fassent verser à boire, et qu'au contraire Bacchus fait lui-même les honneurs, en versant à boire à Hercule ; qu'il n'est pas vrai non plus que Bacchus tienne le rhyton, qui n'étoit autre chose qu'une corne, telle que s'en servent encore parmi nous la plupart des rouliers et des voituriers, lorsque de sa main droite très-élevée, tenant un vase de forme sphé-

1

rique , ouvert à chaque extrémité de son axe , il dirige de très-loin la liqueur , qui s'en échappe , dans le canthare d'Hercule , par le moyen d'un tube courbe et adapté à la partie inférieure dudit vase ; comme je l'ai expliqué , pages 24 et 33 de ma Dissertation ; qu'il n'y a pas un seul acteur qui fasse usage de crotales , comme je l'ai remarqué page 36 , en citant Pline ; que ce ne sont point de jeunes faunes qui foulent des raisins , mais bien des génies ou des enfans ailés , comme je l'ai dit pages 17 et 26 ; et qu'il n'est pas vrai non plus que ce soit *avec* un bélier que combatte le satyre , tandis que les cornes droites , la rudesse du poil et sur-tout la petitesse de la queue caractérisent un bouc luttant *contre* ledit satyre , comme on peut le voir page 28 du Mémoire que j'ai donné : mais ne voulant m'engager dans aucune dispute littéraire , cherchant à coopérer au bien , sans me mêler de critiquer les autres , et des raisons particulières m'interdisant toute provocation au cit. Millin , je me suis tu ; j'ai dû me taire.

Aujourd'hui , puisqu'il jette le gant , je le ramasse ; et je commence par lui demander , si l'on peut faire d'une association *un défi*; d'un vase d'ornement , comme il en convient lui-même , et qui eût bientôt contracté une odeur insupportable , si l'on eût confié à ses dix-sept doubles fonds des liquides de nature à s'y infiltrer et à résister ensuite aux soins employés par la propreté , une patère , ou vase à l'usage des autels , destiné à contenir des pâtes , du miel , du vin , ou de l'huile. Venons au fait.

1.º Le cit. Millin annonce , page 229 de la 4.e livraison du tome Ier de ses Monumens inédits , que *jamais cette patère n'a été décrite.* Puis dans sa première note , page 230 , il ajoute : « *pendant que j'écrivois* » *ceci , le cit. Cointreau a fait graver ce vase d'après un plâtre qu'il* » *s'en étoit procuré : mais tous ceux qui verront sa gravure seront con-* » *vaincus qu'on peut encore dire qu'il n'a été ni figuré ni décrit.* » Je répondrai à cette première sortie , que je ne me suis point procuré ce plâtre clandestinement ; puisque lui, feu Barthelemy Courçay , et tous les employés me l'ont vu couler. Que mon plâtre étoit aussi exact qu'il pouvoit l'être ; que la prodigieuse quantité de petits plâtres que j'ai fournis aux artistes et aux amateurs , et la satisfaction qu'ils m'en ont témoignée , me sont un sûr garant de ma dextérité dans cette partie.

C'est un si pauvre mérite ! que sa gravure peut l'emporter, parce qu'il a plus de moyens : mais que la mienne ne dénature pas les faits ; et que, lorsqu'il dit que ce monument n'a *encore été ni figuré ni décrit*, il ignore ou feint d'ignorer que l'Institut national a bien voulu en entendre la lecture à trois reprises différentes ; que cette compagnie savante, ayant plus de vingt plâtres en relief de ce vase sous les yeux, plâtres dont elle connoissoit l'authenticité, pour se rappeller parfaitement l'original, eût bien pu me faire taire dès la seconde phrase, si j'eusse extravagué, comme voudroit charitablement le donner à entendre le cit. Millin. Au surplus, il ne faut avoir ce monument sous les yeux ni en être le conservateur, pour en parler comme il a fait dans son Dictionnaire de mythologie.

2.° Au deuxième article de la page 230, on lit ces mots : « *Le sujet* » *de cette belle composition est un défi entre Hercule et Bacchus à qui* » *boira davantage. On voit autour, le triomphe du vainqueur de* » *l'Inde sur son vigoureux antagoniste.* » Partant tous deux d'un principe différent, puisque le cit. Millin voit dans ce bas-relief un défi, tandis que je n'y vois qu'une simple visite ; je nie également que dans la marche circulaire il soit question d'un triomphe de Bacchus sur Hercule. C'est tout simplement une marche triomphale de ce Dieu. Au lieu d'y figurer avec éclat, comme dans le monument cité par Gori, et dont je parle page 27 de ma Dissertation, Hercule succombe sous le poids de l'ivresse : mais, est-ce une raison pour faire d'Hercule l'antagoniste de Bacchus, lorsqu'il est prouvé par des monumens, qu'il a été par fois le compagnon de ses travaux ? le cit. Millin parle ensuite du nombre de coups qu'ont dû boire nos deux athlètes ; *il ne reste plus* » *que le dernier. Bacchus vient de vider son rhyton d'un seul trait,* » *et cependant sa raison n'est nullement altérée. Il tient le vase d'une* » *main ferme et regarde avec malignité son rival, qui paroît déjà* » *succomber à l'ivresse.* » Tout ceci dans un roman pourroit être passable, mais ne vaut rien dans l'explication de notre monument. Personne ne leur a encore versé à boire ; Bacchus ne tient point un rhyton ; il n'a pas bu ; il n'est pas question qu'il boive ; sa raison ne peut être altérée ; il n'a point le regard malin ; Hercule ne succombe point à l'ivresse ; au contraire, la manière de tenir son canthare, posé sur ses doigts , tandis qu'il le retient d'en haut avec le pouce ; de le présenter pour être rempli suivant la direction du vase extraordinaire que tient son hôte ; l'air d'attente qui se fait remarquer dans toute sa personne ; sa pause noble et prononcée ; son attitude fière , sa tête haute indiquent pleinement un homme qui jouit encore de toutes ses facultés. En un mot , il a l'air que l'on prête à Hercule.

3.º Page 231 , le cit. Millin voulant toujours voir un rhyton dans le vase que tient Bacchus , observé *qu'il est fait en tête de pavot.* Dans sa note 85 , page 251 , *il me taxe de rêveries.* Je suis partie , et ne puis être juge ; mais je range *son pavot , sa couronne , ses rudimens , les rayons du stigmate et la capsule* dans la classe des rêveries qu'on ne peut supporter.

4.º Note 18 , page 231 , le cit. Millin me fait tenir un langage qui m'est étranger. *« Je ne veux point que cet instrument soit le même que celui que tient une bacchante sur un bas relief figuré par Maffei »*, puisque je le taxe d'erreur. J'ai seulement dit , page 21 , qu'il paroissoit avoir beaucoup de rapport avec celui-ci. Je n'ai pas eu la prétention d'expliquer ce que je n'entendois pas. Au contraire , j'ai dit que l'un et l'autre offroient la forme d'un vase extraordinaire, et dont aucun auteur n'avoit parlé. Page 232 , note 20, le cit. Millin *promet de revenir sur la plupart des attributs bacchiques.* J'ai rapporté , pages 32-36 de ma Dissertation ce que les auteurs anciens et modernes les plus respectables en avoient dit; et j'ai cité , en parlant de la couronne de lierre , du thyrse , du pedum , du bâton de férule , du canthare , du rhyton , de la double flûte , de la nébride , de la pardalide , du tympanum , des cymbales, des crotales , etc. Baudelot de Dairval , le Blond, la Chau, Catulle, Caylus , M.me Dacier , Euripide , Herculanum , Hésiode , Lucrèce , Macrobe , Mariette , Mongez , Montfaucon , Nonnus , Ovide , Pausanias , Pelletin , Pétrone , Pline , Polyen , Spon , Stace , Vaillant , Valmont de Bomare , Virgile , enfin , beaucoup de médailles et de pierres gravées du cabinet national. Toutes mes citations sont justes , précises , exactes ; en un mot , j'ai fait ce que les antiquaires , les savans et les artistes avoient droit d'exiger de moi d'après la tâche que je m'étois prescrite. Il y a sans doute , des sources plus pures , que j'ignore.

5.º Pages 232 et 233 , note 22. Le cit. Millin , ayant de bonnes raisons pour ne pas m'abandonner sitôt, me fait de nouveaux reproches. « *Nous remarquerons*, dit-il, *que le cit. Cointreau, dans la longue* » *énumération qu'il a faite des personnages qui composent le cortège* » *de Bacchus, et parmi lesquels la plus grande partie de ceux qu'il* » *a cités ne sont jamais à la suite de ce Dieu, n'a point nommé* » *Cissus ou le lierre, Ampelus ou la vigne, ni Acratus ou le vin pur,* » *trois divinités qui, avec Silène et Methé, sont ses compagnons les* » *plus ordinaires.* » A entendre le cit. Millin, il a été de toutes les cérémonies, de tous les sacrifices, de tous les mariages, de toutes les funérailles. Ce ton décisif est admirable ! Qui lui a pourtant dit que la plus grande partie des personnages que j'ai cités ne sont jamais à la suite de ce Dieu ? Mais c'est moins sur moi que retombe l'apostrophe que sur Barthelemy, Catulle, Euripide, Mariette, Montfaucon, Nonnus, Ovide, Pausanias, Polyen, Virgile, tous auteurs que j'ai consultés avec la plus scrupuleuse attention. Le cit. Millin y pense-t-il, lorsqu'il vient nous dire que Cissus, Ampelus, Acratus avec Silène et Methé sont les compagnons les plus ordinaires de Bacchus. Nous savons aussi bien que lui que ce prétendu Dieu est quelquefois seul, qu'il n'a d'autres fois pour toute compagnie qu'un satyre : mais, il est ici moins question de lui que de ses compagnons ou de ses suivans. Or, tout le monde sait qu'ils étoient très-nombreux, ses fêtes très-bruyantes. Sans aller plus loin, notre bas relief circulaire compte trente personnages ; et ce n'est qu'un extrait de Bacchanale. Le cit. Millin a nommé le lierre, la vigne, et sans mélange il pouvoit également citer Hymnus, le chant, Nicé ou la victoire, Bronchus ou gosier, Staphylé ou le raisin, Botrys ou la grappe, Pithos ou le tonneau, etc. Moi, qui n'aime point le luxe d'érudition, attendu qu'il ne cache que trop souvent le dénuement de savoir, j'évite de parler grec, et pour causes.

6.º Même note 22, le cit. Millin, m'observe que : « *j'appelle le jeune* » *flûteur un faune ; mais qui n'a point l'attribut qui distingue ces* » *divinités champêtres.* » Il n'a pas réfléchi qu'en traitant du même objet, il s'étoit servi de la même expression, dans son Dictionnaire de la fable, page 176, colonne 2, ligne 1.re. L'oreille droite étant cachée par les cheveux, et sa pause le montrant par-devant de trois quarts, il est certain qu'on ne peut le distinguer par aucun attribut

particulier. Si je suis tombé dans l'erreur; ce n'est pas non plus pour
avoir copié le cit. Millin, la pardalide qui flotte sur ses épaules en est
la seule cause : mais y a-t-il plus de tort à faire de ce flûteur un faune,
qu'à donner pour échansons à Bacchus et à Hercule des personnages
qui n'existent pas, comme il le dit page 176, 1.ère colonne.

7.º Page 233 de son mémoire, le cit. Millin parle ainsi : « *Le cit.*
» *Cointreau appelle Ariadne et Physcoa, dont l'une fut l'épouse et*
» *l'autre la maîtresse de Bacchus, les deux femmes qui sont à la*
» *droite du Dieu. Qu'une note de M. Barthelemy dit que, la der-*
» *nière pourroit être Iole; 8.º et le cit. Cointreau, ajoute que l'on n'a*
» *aucune raison pour réfuter ce savant.* » D'abord, parlons français.
Je puis avoir *nommé*; mais je n'ai *appelé* personne; ensuite, je n'ai
rien dit de positif; car, page 23 de ma Dissertation, en commençant
cet article, j'ai mis *peut-être* dans le titre. Page 24, j'ai écrit *pourroit
être*; et en parlant de la troisième femme, page 25, j'ai employé ces
mots : *que l'on pourroit croire être.* Puis je finis par dire que tout
cela n'est pas aisé à vérifier. Mais je fais appartenir cette femme à
Hercule, ainsi que les deux premières à Bacchus, sans les regarder
comme des suivantes, attendu que tous les personnages d'un tableau
ou d'un bas-relief, ne peuvent pas être sur le même plan.

9.º Page 234, 3.me alinéa, le cit. Millin me relève en disant que,
« *les petits enfans ailés qui placent des raisins dans un panier d'osier*
» *appelé canistrum et qui peuvent indiquer le point où commence la*
» *marche ne sont point des amours, ainsi que l'a avancé le cit.*
» *Cointreau.* » D'abord, je réclame, comme mon bien propre, l'in-
dication de ce panier mettant un intervalle entre le commencement et
la fin de cette marche. On peut le vérifier, page 17 de ma Dissertation. J'observe ensuite au cit. Millin qu'il ne convient pas de faire dire
aux gens ce qu'ils n'ont pas dit ; que je ne suis pas du nombre de ces
antiquaires qui voyent des amours par-tout où il y a des enfans ailés.
Que je ne suis pas encore assez dépourvu de sens, pour avoir pris comme
autant d'amours, les enfans ailés occupés dans les peintures d'Herculanum, à apprêter des mets, à faire du pain, des chaussures, etc. Je
les ai pris pour ce qu'ils sont : pour les génies de chacune de ces professions respectives. C'est dans cet esprit que j'ai dit, page 17 de ma

Dissertation , 3.me alinéa , que trois génies entouroient ledit panier.
A la vérité j'indique , page 26 , qu'il n'est pas rare de voir sur les monumens l'amour associé à Bacchus. C'est un fait constant ; je ne m'y arrê-
terai pas : mais le point qui termine cette phrase et celui qui clôt la
suivante , les isolent. Je parle ensuite des enfans ailés qui , sur beaucoup de bas-reliefs s'occupent à diverses fonctions ; et cette manière
de m'exprimer ne détruit pas celle de la page 17 , où j'indique ce panier
comme entouré par trois génies. Au reste , mes amours serviroient de
pendant *aux faunes qui foulent la vendange* , dans le prétendu Dictionnaire mythologique du cit. Millin ; et je dis prétendu , car après
l'ancien dictionnaire de la fable par Chompré , je ne connois en français que celui du cit. Noël.

10.º Page 234 , le cit. Millin annonce qu'*une bacchante ouvre la
marche* ; note 30 , *et non pas un bacchant* , comme le dit le cit.
Cointreau. Ici je puis m'être trompé. Il faut bien que mon adversaire
marque quelques points d'école ; il ne peut pas toujours me battre à
faux. J'observerai pourtant que la taille ramassée de la plupart des
figures , l'élévation de leur poitrine , la saillie de leurs hanches , l'uni-
formité des coiffures , les draperies qui couvrent toutes les autres
femmes , et chez celle-ci la cuisse gauche cachant entièrement la droite
de même que la marque distinctive du sexe ont pu m'induire en erreur :
n'importe je m'avoue très-coupable. Mais en attendant le jugement je
revendique , (et le lecteur pourra s'en convaincre aux pages 26 et 27
de ma Dissertation) , tout l'article de celle du cit. Millin , relatif au
chameau ; de même que la citation de Pausanias relative à Methè ;
celle de Gori et celle de Caylus ; mais ce n'est pas d'aujourd'hui qu'il
me déchire , pour s'emparer de ma dépouille. De plus , je nie que l'on
puisse distinguer si l'animal monté par Silène a deux bosses ou n'en
a qu'une.

11.º Page 235 , 3.me alinéa , le cit. Millin me retorque , en disant que
les deux figures qui suivent ne sont pas des enfans , comme le dit le
cit. Cointreau. En voici bien d'une autre. Page 176 de son Dictionnaire , colonne 2 , ligne 12 , mon auteur en fait des enfans ; et il ne
m'est pas permis à moi de les regarder comme tels. En désignant ainsi
ces deux figures , je n'ai pas voulu faire entendre que ce fussent des

bambins , comme les trois génies dont il a été question plus haut ;
mais on est enfant jusqu'à douze ans. Il suffit qu'une figure soit de plus
petite taille que les autres, et avec des traits analogues , comme ici ,
pour être rangée dans cette classe. Or , celle qui passe le raisin par-
dessus sa tête est plus petite que la femme qui présente le canthare à
Silène. Les femmes sont en général moins grandes que les hommes ,
donc la figure qui suit immédiatement celle-ci ayant tous les dehors de
la plus tendre jeunesse ne paroît pas se refuser à la manière de la présenter page 27. Après cette nouvelle apostrophe , le cit. Millin en revient à mon sens ; en commençant la page 236 par ces mots : « *Il se
pourroit qu'on vit ici quelque jeune suivant de Bacchus, etc.* » Ensuite ,
il est si peu d'accord avec lui-même sur le genre et le sexe de ses personnages , malgré les démentis continuels, qu'il me donne à cet égard,
qu'ayant représenté comme bacchante l'autre figure , il l'indique trois
lignes plus bas comme *héraut des jeux caractérisé par le bâton*. Au
2.me alinéa de ladite page 236, le cit. Millin ne dit plus , comme dans
son Dictionnaire, *que c'est un satyre, combattant à coups de cornes
avec un bélier.* Ici il intéresse le lecteur à voir *le singulier combat
d'un satyre et d'un bouc ;* et c'est la bonne leçon : mais , suivant sa
coutume, il profite de mes citations sans me nommer, et je réclame
celle prise , tome 2 , des peintures d'Herculanum ; elle est au bas de
la page 28 de mon mémoire.

12.° Page 237 , 2.me alinéa. « *Auprès du char est un bacchant ; note
» 40, et non pas une femme comme le dit le cit. Cointreau.* » Qu'il
est heureux le cit. Millin ! Il donne des démentis à quiconque aura
parlé avant lui des monumens , il substitue des béliers à des boucs ; il
nomme à des places d'échansons ; il présente les mêmes personnages ,
tantôt comme des enfans, tantôt comme des adultes ; il fait d'une même
figure une bacchante au regard malin , puis un héraut des jeux ; il dit
là , que deux jeunes faunes foulent la vendange , ici , que ce sont des
génies bacchiques ; il peut enfin déterminer le sexe d'une figure qu'il
prétend appartenir à un homme , tandis que la tête est féminine ; que
l'on voit un commencement de draperie, et que le reste du corps est
caché par l'attelage du char. Mais poursuivons , nous ne sommes pas
au bout.

Même

Même page 237 , 4.me alinéa, le cit. Millin nous conte « qu'*Hercule dans le dernier degré de l'ivresse vient après Bacchus, qu'il a vaincu… un faune lui prête pour appui une de ses épaules.* » Pour le coup , je n'entends pas un mot de ce que dit ce charmant écrivain. Selon sa louable coutume , qui est de prendre tout à gauche , il dénature les faits. Persistant à voir dans le premier bas-relief de notre vase un défi , au lieu d'une simple visite ; il regarde la bacchanale circulaire comme une suite de la défaite prétendue de ce héros Thébain ; et pour mieux pallier cette erreur , *il fait*, contre toute vérité, *venir Hercule après Bacchus*. Dans le bas-relief rapporté par Gori , et dont j'ai parlé au commencement de la page 27 de ma Dissertation , Hercule est , comme dans celui-ci, marchant en avant du char de Bacchus. Il y jouit de toutes ses facultés, au lieu que dans le nôtre il est ivre : mais c'est toujours dans les mêmes intentions ; celles de prendre sa part du triomphe , sans pour cela en être le sujet. Il n'est donc pas vrai *qu'il vienne après Bacchus,* comme il n'est pas vrai qu'il joue le personnage de vaincu. Le cit. Millin dit ensuite qu'un faune lui prête son appui. Où mon critique , qui m'a repris avec tant d'aigreur pour avoir fait un faune du joueur à double flûte du bas-relief central, pour avoir, dit-il , déguisé en autant d'amours les trois génies qui entourent la corbeille de raisins , et ainsi du reste, voit-il ici un faune? Moi, je n'y vois que deux petits bacchans , et je tiens pour certain que l'observateur le plus scrupuleux n'y verra pas autre chose.

13.° Page 238 à la fin du 1.er alinéa , on lit ces mots : « *et, derrière, une femme que le cit. Cointreau appelle encore Ariadne ; et qui peut être Méthé.* » Ici j'arrête encore le cit. Millin ; je le somme de me répondre. Où a-t-il vu Méthé (l'ivresse) habillée comme la femme en question? A-t-il un instant réfléchi à ce qu'il écrivoit ? A-t-il remarqué ce maintien assuré , ce port de reine et cet air de tête? Ce bâton de férule, dont il nous entretient, n'est-il pas le grand sceptre, plus haut que la figure elle-même , et vers l'extrémité supérieure duquel porte d'une manière très-noble , en signe de repos , son bras gauche élevé? Etoit-ce ainsi que se tenoit le bâton de férule qui rendoit l'office de flambeau? Au fait ; je n'appelle point cette figure Ariadne , parce qu'on n'appelle que les êtres vivans , en état de répondre. Je la nomme ainsi , mais conditionnellement (qui pourroit être, comme on peut le voir au commencement de la page 30 de ma Dissertation.) D'après le sentiment de plusieurs antiquaires, et nommément de l'abbé Barthelemy, disant qu'elle étoit ainsi représentée sur plusieurs monumens ; mais plus souvent dans le char de Bacchus. Il est vrai qu'en invoquant le témoignage de M. l'abbé Barthelemy, je m'abuse sans doute, puisque je le préfère à l'autorité du cit. Millin qui s'est un beau jour implanté dans le fauteuil de ce grand homme avant d'avoir retourné une seule médaille, avant d'avoir examiné une seule antiquité. Pour Méthé, je ne pouvois la placer en cet endroit, l'ayant établie avec Pausanias auprès de Silène, comme on peut le voir page 26 de ma Dissertation.

Même page 238, note 45, en parlant des inscriptions ponctuées, le cit. Millin cite, comme moi et sans me nommer pour cette fois, Caylus et Gori. Ce jeune homme est tout-à-fait plaisant. Il dit, page 230, que je n'ai figuré ni décrit ce vase. Après m'avoir donné par derrière vingt coups de poignard, il s'approprie le plus beau et le meilleur de ma dépouille : c'est dans l'ordre. Le fait est qu'une des remarques de la page 8 de ma Dissertation porte sur l'écriture en points, comme on peut s'en convaincre; et que le cit. Garneray en a fait la planche pendant la lecture de mon manuscrit à l'Institut; c'est-à-dire plus de dix-huit mois avant que le cit. Millin songeât à faire paroître son mémoire.

Nous avons suivi tous les deux le même ordre dans la description des seize médailles qui ornent cette soucoupe. Il y a pourtant bien des choses à observer, et que je crois en ma faveur. D'abord, page 240, n.° 4, le cit. Millin dit, que le buste de Faustine la fille, est *coiffé de la mitre.* Je n'y vois que des cheveux légèrement tressés et ceints d'un diadème. En parlant du revers, il indique que la joie publique tient *de la main gauche une haste pure, c'est-à-dire sans fer.* Ainsi donc, tous les bâtons, tous les manches à balais dont se servirent sans doute les Grecs et les Romains furent autant de hastes pures ! pour moi je renvoie à son magasin, l'archéologie, les mitres, les hastes pures, les mythes, le suggestum, la morbidesse, et beaucoup d'autres mots empruntés des langues anciennes ou étrangères, par le charlatanisme ignorant, pour en imposer d'autant à ceux qui ne cultivent point cette science. Il conclut par donner cette médaille pour inédite. Cette fois, le cit. Millin ment aux autres et à lui-même ; puisqu'il a si bien analysé ma *Dissertation*, il doit y avoir lu page 6, n.° 4, la description de ladite médaille : elle fait partie des observations de la page 7 ; j'ai lu le tout à l'Institut en fructidor de l'an 9 ; elles ont été publiées en prairial de l'an 10 ; sa 4.ᵉ livraison n'a paru qu'en nivôse de l'an 11 ; ladite médaille n'étoit donc pas inédite.

Même page 240, n.° 5, le cit. Millin dit, *qu'autour de la tête laurée d'Antonin le Pieux, on lit* ANTONINVS AVG. PIVS P. P. TR. P. XI. Il fait en cet endroit une faute que ni moi, page 6 même n.°, ni mon graveur ni le sien n'avons commise. Chez nous on lit constamment TR. P. XII, ensuite il affecte à cette même médaille le revers de celle du n.° 13 de sa 25.ᵉ planche, tandis que son graveur lui attribue n.° 5 le revers qu'à son tour il donne page 243 de son recueil à la médaille dont le n.° 13 fait mention, *et vice versâ*. La vérité est que la leçon doublement indiquée dans mon mémoire, mêmes numéros, et par M. Desmaisons son graveur, est la seule bonne. Qu'on retourne lesdites médailles et je garantis le fait. L'erreur au fond n'est pas grande, ces deux médailles appartiennent au même prince ; elles offrent du côté de la tête une légende à-peu-près semblable ; l'autre nous donne également une figure de femme : mais dois-je être indulgent envers un homme qui a pour moi si peu d'indulgence ?

Même page, n.° 6, en parlant de Géta, le cit. Millin observe qu'*il a la tête nue, parce qu'il n'étoit pas encore nommé Auguste.* Cette raison ne vaut rien du tout ; car beaucoup d'empereurs sont représentés nu-tête sur leurs médailles. Sans aller plus loin le n.° 1, de nos deux mémoires, en décrivant la médaille d'Hadrien, décoré du titre d'Auguste, comme empereur depuis plusieurs années, l'indique tête nue, parce qu'en effet il est ainsi sur la médaille du vase. Quelques lignes plus bas le cit. Millin ajoute, que *cette médaille n'étoit pas encore connue en or.* Entendons-nous. Si mon critique veut simplement dire que lors de la découverte de Rennes en 1774 cette médaille étoit inconnue, il a très-fort raison ; mais s'il parle du moment où sa livraison a paru, il a tort ; à moins qu'il ne croie qu'il faille être conservateur pour publier des médailles, comme il faut être prêtre pour dire la messe. Qu'avez-vous sous votre garde cit. Millin ? un bien appartenant au public

de tous les pays ; des objets que chaque particulier a le droit de toucher , d'examiner , de retourner , de mesurer , de dessiner , d'analyser ,
de décrire , comme bon lui semble, pourvu qu'il ait envers le préposé
du gouvernement les égards qu'il a droit d'attendre de lui , et qu'il ne
perde pas le souvenir que ce qui appartient à tout le monde n'est la propriété exclusive de personne.

Page 241, premier alinéa : « *L'inscription ponctuée planche* 26, n.° 6,
dit notre auteur, *porte* SIIP. GIITA *pour* SEP. GETA. *On trouve beaucoup
d'exemples dans les inscriptions de deux* I *mis à la place de l'*E , *etc.* »
Je préviens mon lecteur que le cit. Millin n'a pas eu beaucoup de peine à
composer cet article, il ne me nomme pas : c'est pourtant un extrait
confus de mes remarques sur le double I remplaçant l'E , insérées page 8
de ma Dissertation, et dans lesquelles je cite tomes, pages et numéros
de Gori, de Fabretti, de Gruter , de Scaliger, avec quelques détails.

14.° Même page , n.° 7, note 49, ici mon plagiaire , qui s'est tout-à-
l'heure pieusement abstenu de me nommer , cherche à me trouver en
faute ; et pour y parvenir, il allègue que *dans ma description je m'ex-
prime ainsi , page* 6, « *buste lauré de Commode âgé,* » insinuant que
*c'est probablement la barbe de cet empereur qui m'a fait ajouter ce
mot. Que cependant tout le monde sait que Commode est mort jeune.*
Je pourrois répondre que je savois depuis plus de trente ans, *avec tout
le monde*, cette vérité historique; que sans avoir puisé dans les sources,
que sans être remonté aux auteurs originaux, que j'ai pourtant cités
dans ma Dissertation, le seul Beauvais m'en avoit suffisamment ins-
truit ; qu'un homme de trente-un ans est âgé , quand on le compare à
un enfant de cinq ans , époque de la vie de Commode où il fut déclaré
César , et où l'on commença peut-être à frapper de la monnoie à son
coin ; que la manie de ce prince étant de vouloir passer pour très-fort
et pour un second Hercule, il aimoit à être représenté avec des traits
beaucoup plus prononcés que ses années ne sembloient le permettre :
mais je dirai tout simplement que c'est une faute d'impression ; et pour
le prouver, je n'invoquerai que le témoignage des observations de la
page 7 de ma Dissertation, dans lesquelles , après avoir parlé de la
médaille n.° 14, appartenant à Commode jeune , je reviens à celle du
n.° 7, qui est celle-ci, offrant les traits *de Commode plus âgé , avec le*

type de la liberté , tenant de la main droite le bonnet, et de la gauche une baguette posée sur l'épaule.

Quoique le cit. Millin persiste à annoncer comme inédites les quatre médailles qui font l'objet de mes observations , il n'est pas sans les avoir lues : mais pourvu qu'il entrevoie le défaut de la cuirasse , il en profite, toutefois en ennemi mal-adroit. Pourvu qu'il daube , il est content ; et en vrai don Quichotte, il frappe à tort et à travers , prenant des moulins à vent pour des géants. Il a , dit-il , page 231 note 18, feuilleté tout le sixième volume des *Symbolæ litterariæ* de Gori, sans y trouver ce que je citois. Il s'est fatigué là bien gratuitement. Je ne lui ai point rendu la pareille , car je n'ai point cherché dans les œuvres de S. Ambroise son traité de *Eliá* (pag. 230, note 14); ni parmi les auteurs anciens , Pausanias (pag. 234 , ligne 2).

Page 243 , vers la fin du n.º 14 , après avoir décrit la médaille de Commode jeune , qui se trouve également au n.º 14 de ma Dissertation, le cit. Millin dit, qu'*elle n'a point été publiée dans les divers ouvrages sur la numismatique*. Il faut être conséquent , même dans le mal; et quand on a avancé une erreur , il faut la soutenir. Ayant décidé , page 230, *que jamais cette patère n'avoit été décrite*, il devoit s'ex‑primer ainsi. Le fait est qu'il en impose; j'en appelle à la page 7 de ma Dissertation.

Page 244, à la fin de l'alinéa qui termine la description des seize médailles de notre vase, le cit. Millin observe que , « *toutes les têtes de* « *femmes ou imberbes sont dans une couronne de feuilles d'achante ,* » *et que toutes les têtes barbues sont dans une couronne de laurier.* » Puis il dit , note 53 , 16.º « *le cit. Cointreau n'a fait aucune attention* » *à cet arrangement , qui a été le seul objet de l'artiste; et tout ce* » *qu'il a dit là-dessus devient inutile.* » Le cit. Millin avoit écrit deux grandes pages sans m'injurier ; aussi s'en est-il dédommagé dans cette note. Ce qu'il y a de malheureux pour lui , c'est qu'elle porte encore à faux. La tête d'Hadrien nue et imberbe est dans une couronne de laurier ; ainsi , *tout ce qu'il a dit là-dessus devient inutile.* Et d'ail‑leurs le Géta du n.º 6 , entouré d'une couronne de feuilles d'achante , est tant soit peu barbu ; ce fut ainsi que M. de St. Aubin le dessina en 1774, sous les yeux de M. l'abbé Barthelemy.

Page 248 , « *les médailles enchassées autour , nous indiquent avec*
» *assez de précision l'époque à laquelle il a été fait. Celle dont la date*
» *est la plus récente a été frappée sous le second consulat de Géta ,*
» *qui répond à l'an de Rome* 962 *, 209 de notre ère.* » Puis dans sa
75.ᵉ note , mon critique ajoute : « *et non pas* 960 *, comme ledit le cit.*
» *Cointreau , page* 7 *; ce qui reviendroit à l'an 207 de notre ère , et*
» *non 208 , comme il le dit encore à la même page.* »

Le voilà donc connu ce secret plein d'horreur !

J'ai péché contre la chronologie , dit un savant , après avoir gardé
un grand mois ma Dissertation , qu'il s'étoit d'abord chargé d'analyser ,
et qu'il rendit , en observant avoir autre chose à faire qu'à s'occuper
d'aussi piètres ouvrages. Il ne parloit de la sorte que pour complaire
au cit. Millin. Je n'ai pourtant pas tant de torts. L'art de vérifier les
dates , édition de 1783 , exemplaire de la Bibliothèque , tome I.ᵉʳ
pag. 354 , deuxième colonne en suivant la supputation de Varron , éta-
blit le troisième consulat de Caracalla et le second de Géta , l'an 961 de
la fondation de Rome , 208 de l'ère chrétienne.

J'ai suivi dans ma Dissertation les marbres du Capitole , qui ne diffè-
rent que d'une année avec ladite supputation. Or les Tablettes chrono-
logiques de Lenglet Dufresnoy , exemplaire de la Bibliothèque , édition
de 1778 , premier volume , page 245 , aux fastes consulaires , donnent
pour le troisième consulat de Caracalla et le deuxième de Géta , ans du
Capitole 960 , supputation de Varron 961 , de J. C. 208 , toujours le
même résultat.

M. le Nain de Tillemont , dans son histoire des empereurs , exemplaire
de la Bibliothèque , tome 3 , in-4.° page 76 , assigne le troisième consulat de Caracalla et le deuxième de Géta à l'an 208 de l'ère chrétienne.
Tout le monde connoît l'exactitude scrupuleuse de ces trois écrivains.

Je pourrois invoquer le témoignage de beaucoup d'autres ; mais je
crois ceux-ci plus que suffisans pour ma justification. Cependant , n'est-il
pas bizarre qu'un ancien ami et compagnon de travaux de M. l'abbé
Barthelemy , son collègue dans plusieurs sociétés savantes ; qu'un homme
tout à-la-fois respectable et par son âge et par ses qualités person-
nelles , et par son entourage , et par le rang qu'il a tenu dans le monde ,

et par ses excellens écrits , se soit enrôlé sous les drapeaux du cit.
Millin ! Croit-il que l'auteur d'Anacharsis m'eût confié la mise au net
de ses voyages , des tables qui l'enrichissent , leur vérification de même
que celle de quelques-unes des trente mille citations qui leur servent
de base ; qu'enfin , il m'eût abandonné les clefs du cabinet des mé_
dailles , s'il n'eût été sûr de moi sous tous les rapports ; et s'il n'eût été
convaincu , que lorsque j'avançois un fait , j'avois pour le prouver
vingt autorités au lieu d'une ? On a placé le buste de J. J. Barthelemy
sur le marbre de Choiseul , dont l'explication est un chef-d'œuvre de
sagacité et d'érudition. La meilleure manière d'honorer la mémoire de
cet illustre écrivain , étoit de ne pas tourmenter , de ne pas exiler du
cabinet celui qui l'y avoit accompagné , qui l'y avoit représenté durant
tant d'années. Mais quelle sera la fin de toutes ces calomnies ? *Quo-
usque tandem abutere , Millin , patientiâ nostrâ ?*

18.° Même page 248, mon détracteur dit , en parlant de Septime-
Sévère, *qu'il mourut le 4 février 964 , 211 de notre ère.* Puis, note 76 ,
non pas 963 comme le dit le cit. Cointreau. Je repousse cette nouvelle attaque , en répondant que j'ai dû tenir à mes principes. Ayant
une fois adopté les marbres du Capitole , j'ai dû citer l'année 963
coïncidant avec l'année 211 ; comme dans la page 12 de ma Dissertation , en traitant d'un autre objet , j'ai indiqué l'année 954 marchant
avec celle de l'ère chrétienne 202. Présentement , j'observe au cit. Millin
que lorsqu'on attaque il faut être sûr de soi , ne point se découvrir ,
sous peine d'être touché. Pourquoi dit-il donc que Septime-Sévère
mourut *pendant le second consulat* de Géta ? Qui l'autorise à donner
au consulat de ce jeune prince une durée de quatre ans ? Ignore-t-il que
les consuls de l'année 211 furent Gentianus et Bassus ? Ce fait éclairci à
la confusion de l'un de nous d'eux (le lecteur en décidera) ; le cit. Millin ,
sans dire un mot de mes remarques sur la dévotion toute particulière qu'a-
voient , dans Bacchus et Hercule , Sévère et ses enfans , ni de mes autres
remarques sur le culte collectif rendu par les anciens à plusieurs Dieux ,
que pour cette raison ils regardoient égaux en puissance , jouissant des
mêmes honneurs , occupant le même siége , le même trône , invoqués
sur le même autel (*Paredroi , sunnaoi , sundromoi , sunthronoi , ou
sumbômoi*) , lesquelles pourtant se trouvent pages 12 et 18 de ma

Dissertation, ayant à leur appui cité Caylus, Vaillant, Eckhel, Georges d'Arnaud, Gruter, Macrobe, etc., me peint comme à son ordinaire sous des couleurs qui ne m'appartiennent pas. Ce vase n'offrant par lui-même aucune époque, et tout ce qui concourt à l'enrichir consistant en pièces rapportées; j'étois loin de m'exprimer d'une manière positive. J'emploie constamment les mots peut-être, il paroît, il se pourroit; enfin, page 13, j'invoque l'indulgence du lecteur, pour n'avoir pas sans doute applani toutes les difficultés : mais comme le cit. Millin s'obstine à voir sur ce vase la défaite d'Hercule, tandis que je persiste à y voir l'sssociation de deux puissances égales et reconnues pour telles par Sévère et sa famille, sans que d'autres empereurs aient eu la même dévotion, 19.° je persiste également à le soupçonner destiné pour cet empereur comme chef de la famille, et non à le regarder comme l'ancienne propriété d'un particulier dont j'ignore absolument le nom, l'existence politique et les opinions religieuses.

20.° Page 251, le cit. Millin, qui va toujours droit au but par les voies les plus courtes, dit note 85 : « *Nous ne nous amuserons pas à relever* » *l'explication que le cit. Cointreau donne de cette patère, où il* » *trouve des allégories du soleil d'hiver, du soleil d'été, de la terre,* » *de tous les astres, et de tous les élémens; il faut laisser ces rêveries* » *à ceux qui les aiment. Ce sont cependant elles qui décréditent la* » *science des antiquités qui, comme les autres, à une marche, des* » *principes, des degrés de probabilité, et des démonstrations évidentes* ». A Dieu ne plaise que jamais je cherche à ajouter un nouvel anneau à la longue chaîne des erreurs de l'espèce humaine : mais je ne m'amuserai pas non plus à endoctriner le cit. Millin. Il y auroit trop à faire ; il est trop tard. J'observerai seulement qu'on peut mieux choisir la route que l'on se propose de suivre, remonter à des principes plus sûrs, y trouver des probabilités plus satisfaisantes, obtenir enfin des résultats dignes de cette science, et qui ne la décréditent pas ; ensuite démontrer le tout d'une façon claire et précise, en un mot plus analogue à la simplicité de nos premiers aïeux ; à la vérité.

D'abord il est de fait que l'Asie fut le berceau du genre humain. Une vie agricole et pastorale, et par conséquent des mœurs douces et paisibles, une nourriture frugale et plus conforme au vœu de la nature, la

richesse

richesse du sol, la beauté du climat, le bon air, l'exercice formèrent des hommes plus forts et qui vécurent plus long-temps. Ils donnèrent le jour à des peuples innombrables, dont quelques-uns s'établissant le long des côtes de la Méditerranée, se rapprochèrent de ce qu'on a depuis nommé le Delta, après avoir fondé Sidon, Tyr, Ascalon, Gaza et beaucoup d'autres villes. Une colonie de Tyriens fonda Carthage. Des Phéniciens abordèrent en Sicile. Les flottes de ces deux peuples doublèrent toutes les côtes de l'Afrique, visitèrent l'Espagne ; et vers des temps plus rapprochés une colonie de Lydiens aborda en Italie, prit terre en Etrurie et finit par en chasser les Pélasges, lesquels originaires d'Argos étoient successivement descendus en Thessalie et en Epire.

Cependant l'Egypte étoit parvenue à ce degré de civilisation qui depuis servit de prototype à tous les peuples de la Grèce. Saïs, une de ses préfectures, devint la métropole d'Athènes ; or, tout le monde sait que la religion et les principaux usages de cette dernière furent adoptés par tous les Etats qui l'environnoient, par les îles Cyclades, de Crète, de Rhodes, et de la mer Egée, ainsi que par les nombreuses colonies qui passèrent dans l'Asie mineure et dans plusieurs contrées de l'Europe.

Quelle est donc cette religion ; quels sont ces usages originaires d'Egypte ? Il est bien difficile d'en reconnoître la sagesse et la simplicité, au milieu de la confusion et des absurdités que présente à chaque pas le culte des nations plus modernes. En parcourant l'histoire de leurs Dieux, celle de leurs rapports entr'eux, de leurs attributs personnels, des amours grossières, infâmes et monstrueuses des plus grands, de la naissance de ceux de la seconde classe, de leurs adultères, de leurs incestes ; en lisant ce que des écrivains dignes de foi nous racontent de leur gourmandise, de leur ivrognerie, et de leur penchant à tous les vices, ne doit-on pas éprouver un sentiment douloureux ; et malgré les sublimes conceptions d'Homère et des poètes qui l'ont suivi, les chefs-d'œuvre des Apelles et des Phidias, le philosophe n'a-t-il pas à gémir quand il réfléchit que des peuples, regardés comme sages, plièrent durant tant de siècles le genou devant les autels de ces mêmes Dieux, dont ils n'auroient pas voulu pour

3

les auteurs de leurs jours, et qu'ils se seroient bien gardés de laisser seuls chez eux avec leurs femmes, leurs filles ou leurs garçons? N'est-il pas scandaleux de semer d'âge en âge des erreurs, qui pour avoir été brillantées par le coloris des poètes, n'en sont pas moins insipides et dégoûtantes lorsque la prose se mêle de les propager? Tous les monumens anciens sont remplis de ces mensonges, me direz-vous. On ne peut expliquer ceux-là sans débiter ceux-ci ; soit; mais vous devez toujours y ajouter le correctif, afin que la jeunesse ou les personnes peu instruites cessent de croire à la brutalité exercée par Faunus sur sa femme, la bonne déesse ; aux amours de la chaste Diane et d'Endymion ; à la passion de Cybèle pour Atys ; au rôle impertinent de Mercure, etc.

Tant que les Egyptiens conservèrent dans sa pureté le culte du vrai Dieu, comme ils l'avoient reçu des patriarches dont ils descendoient, réunis en commun à chaque nouvelle lune pour célébrer le Très-Haut, croyant à la récompense des bons ainsi qu'à la punition des méchans, honorant les morts comme devant un jour se relever de la poussière pour paroître devant l'Eternel ; ils n'employèrent tous ces symboles, qui, depuis sont devenus autant de divinités, que pour s'instruire réciproquement du retour périodique du débordement du Nil, de sa durée, du moment de sa retraite, de l'instant favorable aux semailles, de ceux propices à la récolte, à la rentrée dans les granges, enfin à chacun des travaux de la campagne. Ils donnèrent des noms à certains astres, leur assignèrent diverses fonctions, observèrent leurs levers, leurs couchers, déterminèrent le temps fixe de leur retour, en suivant dans sa marche le soleil à travers ces groupes d'étoiles dont eux et les Chaldéens avoient précédemment composé le zodiaque.

Mais, en nommant le soleil Osiris, ou le Modérateur des saisons et le Gouverneur de la terre ; représenté par un cercle qui embrasse tout, ou par un œil à qui rien n'est caché, avec un fouet, pour diriger sa marche, un sceptre marque de sa puissance ; des serpens emblêmes de la vie ; des feuillages indices des libéralités qu'il distribue ; des ailes de scarabée, pour signifier les variations de l'air qu'il dispense : en désignant la terre, honorée de sa bienveillance spéciale, sous le nom d'Isis, et les traits d'une femme jeune, forte et bien

portante ; le sein orné de mamelles, preuves éclatantes de sa fécon-
dité ; coiffée de tours, comme l'asile sûr des mortels, ou de la dépouille des différens animaux qui nous fournissent des vêtemens, ou
du disque de la lune dont les phases règlent le cultivateur, et qui reçoit
comme elle la lumière, ou des cornes du taureau, de la genisse, de
la chèvre, pour manifester sa richesse, et du serpent par rapport à la
vie qu'elle entretient ; portant sur ses genoux un enfant, preuve de
son amour inaltérable envers les hommes : en caractérisant l'agricul-
ture et les soins industrieux qu'elle nécessite sous la figure d'Horus,
enfant chéri de tous deux, unique objet de leurs plus tendres solli-
citudes ; accompagné du serpent en possession de représenter la vie
et du coffret, renfermant quelques légers instrumens rustiques et diverses productions de la terre ; placé sur le van, qui sert à nettoyer
les graines, ou sur le lotus, espèce de nénuphar dont les Egyptiens
faisoient avec raison tant de cas, pour les secours sans nombre qu'ils
en tiroient ; adolescent, par allusion aux fleurs du printemps ; adulte
et homme fait, par comparaison avec la maturité des moissons et des
récoltes ; ils étoient loin de penser qu'un jour leurs descendans, et
par suite les peuples répandus sur toute la terre, abandonnés d'un
Dieu méconnu, outragé, irrité, abusés par des ministres ignorans,
fourbes et cupides, égarés par des poètes amis de la nouveauté, des
fictions et du merveilleux, feroient de ces trois symboles et de beaucoup
d'autres encore, tels qu'Anubis (l'aboyeur), Sirius, qui leur annon-
çoit le débordement du Nil, le Sphinx (le complément de l'abondance),
composé du corps d'un lion et d'une tête de jeune fille, parce que la
couleur de cet animal est celle des épis dorés, que dans tous les temps
les femmes ont participé à cette opération agricole, et qu'en outre,
la réunion de ces deux signes du zodiaque indiquoit l'instant des moissons, autant de divinités, de héros, de fondateurs de villes, de pro-
tecteurs des empires, d'animaux qui leur servoient d'attributs ou de
monstres vomis des Enfers pour les persécuter.

Pouvoient-ils deviner que, tout en traitant de leur commerce, les
Phéniciens colporteroient par la suite ces emblèmes, ces annonces de
fêtes, de travaux, d'espérances, de craintes, de prévoyance ; et qu'en
y ajoutant des commentaires de leur façon, ils acheveroient de les

dénaturer ; que la folle ambition des Grecs donneroit à tous ces symboles des noms de personnages qu'ils feindroient être nés parmi eux, ou qui, après les avoir gouvernés pendant leur vie, attacheroient un certain prix à leur continuer la même bienveillance du haut de l'Olympe où ils seroient montés en récompense de leurs vertus ?

Cet exposé suffit, sans doute, pour me justifier, non aux yeux du cit. Millin, dont le suffrage m'importe peu ; mais à ceux des savans et des hommes d'honneur qui ont bien voulu agréer l'hommage de mes travaux, m'encourager dans mes disgraces, et qui ont cherché à diminuer la somme de mes infortunes par tous les moyens qui étoient en leur pouvoir.

Que désormais le cit. Millin m'abandonne à mes rêveries, j'y consens. Je lui promets en retour de ne le point distraire dans ses profondes recherches sur la généalogie des fils de Maïa, de Sémelé et d'Alcmène ; dans ses réflexions judicieuses sur la docilité d'Hercule à suivre les préceptes de son maître Linus, sur la tendre reconnoissance de Bacchus envers le très – modeste Prosymnus, et sur la protection accordée par Mercure aux filous et aux voleurs : mais qu'il ne croye pas que, pour cela, ces précieux restes de l'antiquité que nous possédons sous des formes si variées me soient moins chers ; car si, au lieu de s'en tenir aux symboles des Egyptiens, les nations ont tout corporifié, il est curieux de suivre ces nouveaux habitans du ciel avec leurs dénominations, leurs fonctions, et leurs différens costumes dans les temples qui leur furent élevés, sans jamais oublier que nous sommes redevables à toutes ces folies de ce que l'art a produit de plus ingénieux, sans oublier non plus que l'antiquaire doit remonter beaucoup plus haut que le simple mythologue, sans oublier enfin de répéter sans cesse au lecteur et à l'auditeur que ces Dieux ne sont que des emblêmes dénaturés, travestis ; et non des hommes qui aient jamais existé.

Même page 251, à l'alinéa, le cit. Millin dit que, « *l'abbé Barthelemy, qui pensoit que cette patère avoit été faite pour Septime Sévère, fondoit son raisonnement sur ce qu'elle est ornée de médailles de la famille des Antonins.* Si le cit. Millin, qui, à l'époque où il étoit employé à la bibliothèque, d'où il fut éconduit en 1784, se trouvoit à une trop grande distance de l'abbé Barthelemy pour oser lui parler, mais à qui il écrivit des lettres très-injurieuses à un de ces momens de la révolution où tout étoit confondu , rapporte ici l'opinion de ce savant sur notre vase , c'est pour me l'avoir entendu raconter , c'est pour l'avoir lu dans mon Mémoire , page 9 : et je proteste que M. l'abbé Barthelemy n'a jamais regardé ce vase comme une patère , qu'il n'y a jamais vu de défi entre Bacchus et Hercule : mais au contraire une association. Je proteste également que le cit. Millin n'a jamais eu de relations directes avec M. l'abbé Barthelemy. On le lui auroit donné à deviner en mille; jamais il n'auroit pensé au cit. Millin pour lui succéder.

Même page 251 , note 86 , le cit. Millin indique que « *Ce fut à cette* » *occasion qu'un plaisant, nommé Aspax, lui dit, je te félicite César,* » *d'avoir trouvé un père.* » Le Nain de Tillemont met ce pamphlet sur le compte de Sebennus. C'est de lui que je l'ai emprunté.

21.° Page 252 , 2.me alinéa , « *Le cit. Cointreau, dit que ce vase,* » *d'après la représentation qu'il offre en creux, paroît avoir été es-* » *tampé et terminé au ciselet. Il se trompe.* » J'observe à mon lecteur que je ne parlois pas alors du vase ; mais bien seulement des bas reliefs , comme on peut le vérifier page 4 de ma Dissertation. Que si j'ai dit qu'ils paroissoient avoir été estampés et terminés ensuite au ciselet , je n'ai point donné mon propre sentiment , ceci n'étant plus de ma compétence. J'ai transcrit mot pour mot ce que dans le temps j'avois entendu dire à M. Trouba-Chabert , établi à cette époque , quai des Orfèvres , à la croix de chevalier , ancienne connoissance de MM. Barthelemy , et chargé par eux de tout le travail relatif à la restauration du vase et des autres objets qui furent trouvés en même temps.

22.° « *Le cit. Cointreau,* est-il dit , page 253 , note 92 , *dit qu'ils* » *sont en filigrane. Ils sont en or, ciselés et découpés, mais non pas* » *en filigrane.* » Il est vrai que je me suis exprimé ainsi , page 3 de ma Dissertation , sans avoir lesdites médailles sous les yeux ; et le cit. Millin a raison : mais à la fin de cette même page 253 , après avoir dit que , « *Beaucoup de monumens antiques nous prouvent que les* » *anciens portoient souvent des bijoux ornés de médailles d'or,* il » cite à l'appui *une belle médaille d'or de Ptolémée Philadelphe et*

» *d'Arsinoë, ayant au revers Ptolémée Soter et Bérénice ; ajou-*
» *tant qu'elle est entourée de petites perles et attachée à une chaîne*
» *de collier.* » Si le cit. Millin savoit comme moi, par quels moyens
le cabinet s'est procuré cette médaille, il ne parleroit pas ainsi ; et s'il
connoissoit un peu mieux les usages des îles de l'Archipel, il disserte-
roit d'une manière plus instructive et plus satisfaisante. Le fait est,
que les grecques se plaisent à se parer des médailles antiques qu'elles
peuvent acquérir ; que celle-ci a été achetée à une d'elles, qui vit
peut-être encore, que la petite chaîne est d'un travail tout moderne ;
qu'il y avoit de plus un petit cordon de soie noire noué à ladite chaîne,
que les trois perles qui l'accompagnent seroient depuis long-temps
détruites si cet ornement remontoit plus haut. Antiquaire avec les
naturalistes, naturaliste avec les antiquaires, il ne faut pas toujours
prendre pour mot d'Evangile ce que dit le cit. Millin.

23.° Page 255 dernier alinéa on lit ces mots, « *Le cit. Cointreau a*
» *pensé, d'après ces médailles, que ce vase pouvoit avoir appartenu à*
» *Postume, qui, avant de parvenir à l'empire, fut gouverneur des*
» *Gaules sous le règne de Gallien ; mais il n'a pas songé aux lumières*
» *que pouvoient lui fournir les quatre-vingt-treize médailles que ce vase*
» *contenoit. Elles commencent à Néron et finissent à Aurélien, qui a*
» *régné dix ans après Postume. On peut donc conjecturer que c'est*
» *sous le règne d'Aurélien que ce trésor a été enfoui* ».

24.° Enfin, page 256 à la 6.ᵉ ligne, le cit. Millin faisant mention de
moi par ces mots : « *Le cit. Cointreau pense qu'un tremblement de*
» *terre, l'éboulement d'une maison, ou quelqu'autre accident a*
» *privé le propriétaire de la vie, sans qu'on se doutât de ses richesses* »,
me livre ensuite à mon malheureux sort. Il n'est plus question de
moi dans tout le cours de cet écrit lumineux, qui se termine à la 258.ᵉ p. ;
mais comme il est toujours en contradiction avec lui-même, il termine
cet alinéa de la susdite page 256, par ces mots : « *Il ne seroit pas im-*
» *possible que quelque riche Gaulois qui avoit été protégé par Pos-*
» *tume, et qui portoit par cette raison son image à son cou comme*
» *une amulette, fût mort peu après le règne d'Aurélien, et eût été*
» *inhumé avec ce trésor, que les mouvemens du terrain ont porté à un*

» *pied de sa tombe* » (puis le petit anachronisme si familier au cit.
Millin) « *et qui enfin a été découvert en* 1772. »

Quand cet antiquaire de nouvelle fabrique se seroit cumulativement
imposé la triple tâche de dérouler devant nous les portraits fidèles de
l'ignorance la plus audacieuse, du pédantisme le plus dégoûtant et de la
méchanceté la plus insigne, auroit-il pu mieux s'y prendre? Je ne suis
qu'erreur, s'écrie-t-il, vingt-quatre fois, depuis la page 225 jusqu'à celle
258 de son misérable bouquin ; et pour le prouver il arguë entr'autres
faits péremptoires, page 237 : «qu'*Hercule*, *dans le dernier degré de*
» *l'ivresse*, *vient après Bacchus qui l'a vaincu* ». Il est vrai qu'il
se dément lui-même dans un autre endroit de son mémoire, p. 248 :
« *Que Septime mourut le* 4 *février* 211 *de notre ère*, *pendant le*
» *second consulat de Géta* » lequel au contraire coïncide avec l'an 208.
Enfin, page 256, « qu'*Aurélien a régné dix ans après Postume.* »
Tandis que cet ancien gouverneur des Gaules, ayant été tué à Mayence,
l'an 267, après un règne d'environ sept années, Aurélien fut pro-
clamé empereur, à Sirmich en 270, ce qui ne fait par toute la terre
que trois ans d'intervalle. Quant à la date de 1772, vers la fin de la
page 256, je n'en parlerai pas, et je laisse mon petit docteur aux
prises avec la Gazette de 1774.

Je vais bientôt terminer cette analyse pour ne m'attacher plus qu'au
cit. Millin ; mais avant d'énoncer les motifs qui l'ont porté à sévir contre
moi d'une manière si étrange, lui qui recherche tant à se faire des
amis, sur-tout en pays étranger, qui ménage tant ses compatriotes, et
principalement les hommes en crédit, qui se sert d'expressions si me-
surées avec tous ceux qui l'abordent, quoique la renommée dise par-
fois le contraire ; avant que d'indiquer le but qu'il s'est proposé en me
persécutant constamment depuis trois ans, après m'avoir fait perdre
mon emploi, mon unique ressource, et lorsque j'approchois de la
cinquantaine : emploi auquel j'avois sacrifié la perspective de tant de
places plus brillantes, et que je gérois avec honneur et distinction depuis vingt-sept ans ; avant de donner un léger aperçu de ses travers, de
ses torts et de ses fautes, je dois revenir sur le reproche qu'il me fait de
n'avoir pas songé aux lumières que pouvoient me fournir les quatre-
vingt-treize médailles que ce vase contenoit. Je savois avant lui qu'on

y avoit trouvé des médailles d'Aurélien; j'en avois fait dans le temps l'enregistrement. Je me souvenois fort bien qu'elles étoient à fleur de coin, d'un assez bon style pour le temps, et d'un tel module, qu'elles ne peuvent entrer dans les cases ordinaires, et qu'au premier abord on seroit tenté de les prendre pour de petits médaillons : mais tout cela devenoit étranger à mon opération; le cit. Millin isole, tronque, dénature. Voici la phrase toute entière, commençant ligne 2 de la page 16 de mon mémoire : « *Ce vase appartint-il par succession de temps à* » *Postume, gouverneur des Gaules sous Gallien, ou à Probus, qui* » *nous vengea des folies de Domitien, en ordonnant de nouveaux* » *plants de vignes dans nos pays ?* » Mon lecteur voit clairement qu'en parlant de Probus, je descends plus bas que le règne d'Aurélien, et que je laisse derrière moi les médailles de la découverte de Rennes; puisque ce nouvel empereur ne monta sur le trône que quinze mois après la mort du vainqueur de Zénobie. J'observe aussi que ce trésor pourroit sans inconvénient, après avoir passé par les mains d'un grand nombre de possesseurs antérieurs aux règnes de ces princes, en avoir eu aussi de beaucoup plus modernes; mais ce qu'il y a de piquant, c'est qu'après m'avoir ici chicané sur un point de chronologie, comme il l'a fait page 235 par rapport à l'âge et au sexe de mes pauvres enfans, il revient à mon sens, en avouant « qu'*Il ne seroit pas impossible que* » *quelque riche Gaulois protégé de Postume, eût été inhumé avec* » *ce trésor.* » Quel galimatias. Il interprète à sa manière ; Pomponius Mela pour nous dire « *Que les Gaulois se faisoient inhumer avec* » *les meubles et les ustensiles qui leur avoient été les plus chers,* » *par une suite de leur croyance à l'immortalité de l'ame, et de l'idée* » *qu'ils jouiroient de ces objets précieux dans le séjour des braves.* » Pomponius Mela écrit, livre 3, chapitre 2, page 243, édition de 1722, en traitant de la Gaule : « *Itaque cum mortuis cremant ac defodiunt* » *apta (forte grata) viventibus olim.* » Ce qui doit s'entendre des légers meubles à l'usage du corps, des outils de la profession, des armes, etc. En un mot de la cognée du bucheron de la Fontaine : *Apta (forte grata)* non des objets de luxe et d'une grande valeur, de la propriété des familles, des meubles d'un certain volume, fameux par leur rareté, comme par l'excellence du travail, dont on ne disposoit ainsi qu'en

l'honneur

l'honneur des rois ou des potentats. Avec cette manière de traduire, à la troisième ou quatrième phrase on seroit déjà bien loin du texte ; mais vive l'hyperbole !

Le cit. Millin m'avoit déjà servi un plat de sa façon *dans sa dissertation sur un disque d'argent du cabinet des antiques, connu sous le nom de bouclier de Scipion, insérée n.° 8, page 69, 2.e livraison du tome 1.er de ses Monumens inédits.* Reconnoissant, d'après Winckelmann, dans l'événement retracé sur ce plateau un sujet homérique, il me cite à la vérité parmi les auteurs qui l'ont fait graver ; mais il ne me tire point de la foule. Il se garde bien d'indiquer sous quel point de vue je l'ai considéré, soit qu'il pense dans sa sagesse qu'on ne doit jamais parler en bonne part d'un homme qu'on veut écraser, soit qu'il veuille passer pour le premier qui ait écrit en français d'après l'idée générale du célèbre antiquaire qui m'a servi de guide. Le fait est pourtant que dans mon *Histoire abregée du cabinet des médailles,* publiée en brumaire de l'an IX, tâchant de détruire le préjugé qui faussement dénommoit ce plateau d'argent *bouclier* de Scipion, je me suis annoncé comme adoptant en toutes lettres le sentiment de Winckelmann, et je me suis imposé le devoir de transcrire, page 230, d'après la traduction du cit. Jansen, les propres paroles de cet auteur, lequel voit dans le bas-relief de ce monument la réconciliation d'Achille avec Agamemnon qui lui rend Briséis, Ulisse, les armes fabriquées par Vulcain, déposées aux pieds du héros, etc. Le cit. Millin parle de sa gravure. La mienne, quoique plus réduite, ne le cède en rien, ni pour l'exactitude, ni pour l'exécution.

Maintenant abordons la question. J'ai promis un aperçu des raisons que croit avoir le cit. Millin pour me haïr, me susciter des ennemis et me persécuter. Mais pourquoi me forcez-vous, citoyen, à sortir de mon caractère, à publier des tracasseries domestiques, à dévoiler des mystères d'iniquité ? Après mon bannissement de la Bibliothèque, que devoit-il y avoir de commun entre vous et moi ? Pourquoi m'obliger à prononcer votre nom, pour qu'il faut-il que je vous réponde ? Puisque vous trouvez tant de plaisir dans le mal, ne m'en aviez-vous pas assez fait, ne deviez-vous pas être content ? que ne me laissiez-vous achever, comme je pourrois, ma carrière ? Cette Dissertation avoit-elle besoin de votre attache ;

avois-je été sur vos brisées ; ne m'aviez-vous pas dit vous-même, dans
votre cabinet , qu'excepté le catalogue des médailles et des antiques ,
dont la confection appartient aux seuls gardes , parce qu'eux seuls en
effet sont en mesure de pouvoir l'entreprendre , chacun étoit le maître
de donner son sentimens sur tel objet qu'il prétendroit pouvoir éclair-
cir ; et dans le cas d'une opinion contraire , tous les mémoires qui
existent ne sont-ils pas là pour vous démentir ? Si mon plan étoit inin-
telligible , mes rapprochemens faux , mes résultats erronés , n'aviez-
vous pas la faculté d'en faire tout simplement une seconde , dont la
conduite plus sage , les citations plus savantes et les vues plus profondes ,
auroient fait aisément rejeter la mienne et l'auroient réduite au néant ?
A défaut de talent , si je n'avois pas droit à la considération , n'en avois-
je pas à l'indulgence , pour ma circonspection et ma retenue ? Après
avoir dans les endroits difficiles constamment parlé par *peut-être* , *il
se pourroit , je présume , je soupçonne* ; n'avois-je pas ainsi conclu :
« *Nous sommes sans doute loin d'avoir deviné le mot de l'énigme ;
quelqu'autre sera plus heureux , nous frayera des routes plus sûres ;
nous les suivrons avec confiance ?* » Ne pouvant résister au penchant
de mon ame , je l'avois imprimée sous les auspices d'un savant qui
m'est cher ; je l'avois terminée par des remercîmens à plusieurs de
mes amis ; qu'y avoit-il dans tout cela de si répréhensible ? ces diverses
considérations n'ont cependant pu vous arrêter ; ce qu'il y a de plus
malheureux pour vous , c'est que sur vingt-quatre fois que vous m'ob-
jurguez, vous n'avez tout au plus raison qu'en deux ou trois rencontres.
Peut-être, après m'avoir rayé du rôle des citoyens de votre petit
empire , m'avez-vous encore regardé comme votre contribuable ? que
ne m'avez-vous demandé mon manuscrit, comme autrefois vous vous
étiez approprié certaines notes. . . . . ; mais n'anticipons pas sur
l'avenir ; conservons aux faits l'ordre qui leur appartient ; et sur-tout
observons que nous ne sommes point agresseurs , que nous nous étions
abstenus de toute récrimination ; mais qu'il y auroit de la lâcheté à
garder aujourd'hui le silence.

Aux yeux du cit. Millin *mes crimes sont d'avoir* cherché , après le
décès de M. l'abbé Barthelemy, à me faire nommer adjoint de son
successeur M. Barthelemy Courçay , tandis que lui-même postuloit avec

chaleur le titre de garde en chef, ou conservateur de cet établissement. Mes prétentions étoient fondées sur vingt-deux ans de service,
sur une connoissance parfaite de cet immense dépôt, sur la confiance
et l'amitié dont mes supérieurs m'avoient toujours honoré, sur le
bonheur que j'avois eu de soustraire le cabinet des médailles à la fonte,
sur le bonheur plus grand encore d'avoir retiré, pour ainsi dire, à force
ouverte du Luxembourg M. Barthelemy Courçay, dans ces instans où
la mort y choisissoit journellement ses victimes ; et lorsque, pour tâcher
de me corrompre, on m'avoit offert la place de ce respectable détenu.

Mes crimes sont d'avoir témoigné la plus vive surprise en voyant le
cit. Millin succéder à l'auteur d'Anacharsis, lui que je n'avois vu jadis
que cinquième employé aux livres imprimés ; et qui, après sa réforme,
avoit fait des comédies, des romans, des articles dans la Chronique,
l'Annuaire de l'an deux, des rapsodies de botanique et d'histoire naturelle ; avoit été capitaine des charrois ; occupations ou emplois tout-à-fait
étrangers aux connoissances infinies qu'exigeoit sa nouvelle dignité.
Et vainement m'allégueroit-il ses antiquités du moyen âge. Cette com-
pilation diffère autant des recherches sur les anciens peuples, que le
secrétaire de la cour, des lettres de Mme de Sévigné. Jusqu'alors les
professeurs dans toutes les parties, avoient assidûment suivi et écouté
les leçons des hommes doctes produits par l'âge précédent : mais
pour le cit. Millin, il s'étoit créé de bonne heure un autre système. La
nature envers lui très-libérale, étoit censée l'avoir conduit comme par
la main ; aussi, lors de la première organisation de l'instruction publique, s'étoit-il présenté pour occuper toutes les chaires, et professer
les sciences les plus opposées. Il faut avouer, il est vrai, qu'il y étoit
également habile.

Mes crimes sont d'avoir coopéré à l'empêcher de faire commerce de
médailles ; de l'avoir engagé par l'organe de son collègue à ne pas laisser
traîner dans ses poches des pièces très-rares, telles que des médaillons
d'*Opuntium* et autres objets précieux ; d'avoir été forcément témoin de
bévues sans nombre, comme lorsqu'il prit un jour l'Auguste représentant
la thiare et les armes arméniaques pour une médaille du Bas-Empire ;
de l'avoir cent fois prié comme on prie Dieu, d'être toujours en avance
d'une leçon pour le cours, et de ne pas attendre à une heure trois quarts

4 *

pour envoyer la note des articles à lui fournir : ce qui exigeoit un en-
lèvement et un déménagement trop prompts, et exposoit les monumens
à des cassures, des ruptures et des mutilations irrémédiables ; de lui
avoir observé qu'il ne devoit pas permettre à ses amis de toucher sans
nécessité aux médailles et aux pierres gravées qu'il leur montroit ; sur-
tout lorsque M. Barthelemy-Courçay et moi en eûmes surpris deux, ce
qu'on répute en flagrant délit. Il voudra se souvenir des huit onyx-
nicolo repris de force par le même M. Barthelemy, dans une main étran-
gère qui abusoit de ma confiance, ainsi que des petites tasses de terre
de Chine. D'avoir en plaisantant demandé une loi qui défendît, sous
peine de mort, à tout malade de suivre les ordonnances du médecin
Millin, lorsqu'il en prit le titre à Bruxelles et autres lieux encore. Lui
médecin ! depuis quand? Suis-je médecin moi, parce que j'ai fait
l'analyse des œuvres d'Hippocrate, édition de Foës. Enfin d'avoir été
jusqu'au 9 brumaire an 8, jour de la mort de son collègue, mon chef
et mon ami, possesseur des clefs du cabinet des médailles et, sous ce
rapport, en relation continuelle avec tous les savans qui, pour le dire
en passant, aimoient mieux travailler avec moi qu'avec le cit. Millin,
et m'avoient, pour ainsi dire, établi le surveillant de tous ses faits et
gestes, non qu'ils suspectassent sa probité ; nous croyons tous le cit.
Millin un parfaitement honnête homme ; mais parce que sa manière d'o-
pérer, brusque, turbulente et bouffonne, nous faisoit tout craindre
pour les monumens qui lui étoient confiés. *Indè iræ, indè bellum.*

A peine mon ami fut-il sous la tombe que le cit. Millin me fit sentir tout
le poids de ses longs ressentimens, et la guerre éclata ; en ne me portant
point à la place de conservateur, alors vacante. Pendant mes vingt-sept
ans de service, je n'avois sans doute fait que mon devoir : mais on devoit m'y appeler pour l'exemple. Car dans toutes les professions, le sol-
dat ne sert que pour être caporal ; le caporal pour être sergent : ainsi
de suite depuis le moindre grade jusqu'au plus éminent. Rompre cet
heureux lien, c'est froisser l'ame de tous les subordonnés, c'est faire des
agens d'un vaste empire autant de vils mercenaires, et enfin étouffer
toute espèce d'émulation.

Résolu à me renfermer désormais dans les devoirs de ma place, on
m'en ôta la faculté. Le cit. Millin me remit à un genre de besogne dont

j'étois dispensé depuis plus de quinze ans, et pour lequel il y avoit un élève appointé à deux mille francs. Il me fit, pour des riens, des avanies sans nombre devant des ouvriers et des subalternes ; me priva de la moitié d'un logement que j'occupois depuis long-temps, m'alléguant pour raison qu'il étoit trop considérable pour moi et mon ménage, quoique dans la vérité il eût été précédemment celui d'un autre employé au même grade et célibataire. Le tout se termina par une destitution calomnieuse, outrageante et perfide. Quoiqu'entr'autres torts qu'elle me prêtoit, elle m'accusât de mauvaise foi, d'inconduite et de nullité dans mon travail, elle sembloit vouloir dire encore plus qu'elle ne disoit réellement. Tous mes amis en furent alarmés. Sur mes instances réitérées, les citoyens Barthelemy, le Blond, Bréa et d'autres, en demandèrent l'explication. Le ministre Lucien Bonaparte m'eût bientôt réintégré : mais il partit pour l'Espagne. Son successeur fut circonvenu. Un jour qu'il témoignoit au cabinet des estampes s'intéresser à mon sort, il lui fut aussitôt répondu que sans de fortes raisons, on ne se seroit pas porté à cette extrémité. Qu'il les dise donc ces raisons ; qu'il les dise, le cit. Millin. Je le somme de les dire, ou je le déclare infâme au tribunal de ses contemporains et de la postérité. J'ai certainement commis bien des fautes ; si le juste pêche sept fois chaque jour, je ne dois pas m'en être tenu là, et le total au bout de vingt-sept ans devient presque introuvable. Me pourvoyant alors par-devant le législateur des chrétiens, je m'écrierai : Que celui qui se croit tout-à-fait innocent me jette le premier la pierre ; ce ne sera sans doute pas le cit. Millin.

Un premier coup d'épée en attend un second. Aussi à la suite des plus indécens propos, jusqu'à me faire passer, auprès de certaines personnes, pour son domestique, se préparoit-il à de nouvelles attaques ? Le cabinet des médailles n'entrant pour rien dans toutes ces méchancetés, j'avois dit en le quittant que toutes les fois qu'on auroit besoin de mes renseignemens, je les donnerois volontiers. Le cit. Millin prit dès-lors acte de mon honnêteté pour l'employer un jour à me déshonorer. D'abord il avoit vu avec beaucoup d'impatience mon Histoire abrégée du cabinet, sur-tout d'après l'engagement que, page 44, j'y contracte avec le public d'en donner par la suite une plus détaillée ; comme en effet j'y procède actuel-

lement, ayant recueilli tous les matériaux qui concourent à sa confection. Ma Dissertation acheva de l'exaspérer, quand il y reconnut les
dessins de trois médailles jusqu'alors inédites, à l'aide desquelles il vou-
loit passer à l'immortalité. Il prend aussitôt son parti ; me demande un
rendez-vous à la Bibliothèque, termine sa lettre par un salut cordial ;
mais son cœur qu'il mettoit en avant renfermoit le poison. Du plus loin
qu'il m'aperçoit, et j'étois découvert, il me taxe d'infidélité devant plus
de deux cents inconnus, m'intime de parler plus bas ; et accompagne
cette atrocité d'expressions qui auroient en d'autres lieux été payées en
monnoie au meilleur titre. Alors je me couvre, et lui remontrant qu'il
est fort heureux d'être sur le parquet national, je lui tourne le dos.
J'avois mes témoins. J'étois en droit de pousser très-loin cette affaire.
Ce fut par égard pour l'établissement que je m'en abstins. Eh bien ! il
n'étoit pas du tout question de monumens, mais d'un simple papier
très-insignifiant, venu en ma possession avec beaucoup d'autres objets
par suite des dons de MM. Barthelemy ; en un mot des dessins de nos
trois médailles inédites. A-t-on jamais vu rien de plus misérable ?

Mes amis avoient espéré, pendant quelque temps, pouvoir nous
rapprocher. Je ne pouvois alors leur opposer cette nouvelle preuve des
intentions meurtrières du cit. Millin. Je feignis d'adhérer à leurs désirs ;
mais le connoissant parfaitement, je n'y fusse resté en cas de réussite
que deux heures, et ce en présence de témoins. Malgré les sentimens
de probité que j'aime à croire en lui, je n'ignore pas jusqu'où nous
portent la haine et la vengeance ; et que ces deux passions triom-
phent des plus austères principes. Pour n'en pas avoir le démenti, tous
les moyens eussent été propices. Disparition temporaire de monumens, accusation de les avoir détournés, perte pour moi de l'honneur
et de la vie, ensuite reparition desdits objets, aveu complet et désar-
mant de sa précipitation ; doléances sur ma fin prématurée, fondation
de messes pour le repos de mon ame. J'en appelle à tout lecteur ; si
les termes employés dans ma destitution et la conduite du cit. Millin
au cabinet, quand je répondis à son rendez-vous perfide, ne sont pas
la preuve de ce que j'avance, de ce que j'établis.

Son but est de me faire périr, plutôt que de se déjuger : il m'a privé
de mon emploi ; il m'a voulu flétrir ; il me taxe aujourd'hui d'impéritie,

d'extravagance et d'imbécillité. Je ne suis point un savant ; et comme
on eût pu s'y méprendre à quelques jets de lumière provenant de
MM. les abbés Barthelemy, ou des gens de lettres distingués com-
posant leur société ; dans la crainte qu'on ne confondît le stras avec
le diamant, je m'en suis expliqué vis-à-vis de qui l'a voulu entendre :
mais pour ne pas avoir les talens de général, doit-on être renvoyé
de l'armée ? Dans toute autre partie je n'eusse fait sans doute aucune
sensation. La science des antiquités, cultivée tout au plus en France
par une douzaine de personnes, en décide autrement. De l'aveu
même de l'Institut national, j'y ai remporté quelques avantages ; je les
soutiendrai par de nouvelles dissertations sur d'autres objets non moins
intéressans que celui-ci ; et plus tenace que Naboth, j'y disputerai
le terrain, j'y défendrai ma vigne jusqu'au dernier centimètre, à
ce nouvel Achab. Que nous différons l'un de l'autre ! il m'attaque
au moment où je ne suis rien ; et moi je lui réponds au milieu de
sa gloire, de sa grandeur, de ses nombreux appartemens, de ses
livres dorés, de ses thés, de ses chevaux, de ses voitures, de ses
marchandes de modes. Il cumule les places, les titres, les dignités ;
tandis qu'après trente ans de peines et de fatigues, je suis errant sur
la terre.

POSTERI, POSTERI VESTRA RES AGITUR.

Les tribunaux informent pour les moindres différens qui survien-
nent entre les citoyens. Ici la loi est muette et insuffisante. Qu'un
particulier dispose à son gré du sort de ses agens ; tant pis pour ceux
qu'atteignent ses caprices. A la rigueur chacun est maître chez soi.
Mais que dans une administration publique, des chefs ou sous-chefs,
soumis eux-mêmes à la destitution, compromettent l'existence d'un
ancien serviteur de l'Etat, pour lui substituer quelquefois un blanc-
bec, c'est sur quoi j'appelle la vigilance du gouvernement. Du temps
des Rois aucun employé de la Bibliothèque n'étoit admis ni évincé,
sans un arrêté du Conseil, signé par son président né, cette
belle prérogative n'est pas indigne de notre premier Consul. En vain
m'objectera-t-on que la responsabilité exige la disposition des emplois.

Un capitaine est tout aussi responsable ; le sort de ses lieutenans et sous-lieutenans n'est pas dans sa main. Que le chef suprême de la République daigne porter un instant ses regards paternels sur la classe nombreuse des citoyens exposés à l'arbitraire, malgré la sage prévoyance de ses ministres, il aura bien des torts à redresser.

FIN.